Reinhart Koselleck
Hans-Georg Gadamer

Historik, Sprache und Hermeneutik

Reinhart Koselleck
Hans-Georg Gadamer

Historik, Sprache und Hermeneutik

Eine Rede und eine Antwort

Mit einem Nachwort
herausgegeben von Hans-Peter Schütt

MANUTIUS VERLAG · HEIDELBERG

Unter dem Titel „Historik und Hermeneutik"
ursprünglich erschienen als: Sitzungsbericht der
Heidelberger Akademie der Wissenschaften,
Philos.-Hist. Klasse, Jg. 1987, Bericht 1.

Inhalt

REINHART KOSELLECK
Historik und Hermeneutik 7

HANS-GEORG GADAMER
Historik und Sprache – eine Antwort 39

Nachwort des Herausgebers 53

Reinhart Koselleck

Historik und Hermeneutik

Lieber Herr Gadamer,
liebe Gäste,
 ein Leben kann lang oder kurz sein. Wenn es kurz ist, wie das von Schiller, Kleist oder Büchner, legt sich Trauer über die Biographie, weil sie nicht vom Leben fortgeschrieben werden konnte. Wenn es lang ist, wie bei Kant oder Heidegger, gewinnt man das Empfinden, daß auch die geschichtliche Zukunft im Spätwerk voll enthalten ist und ausgefächert wurde. Was hätte Schiller 1813, Kleist 1830, Büchner 1848 sagen können – das werden wir nie mehr erfahren. Aber was Kant zu diesen Jahren gesagt hätte, das können wir hochrechnen – und was Heidegger zu unserer Zukunft sagen wollte, hat er formuliert.

Die Dauer des Lebens eines Menschen verändert mit ihren biologisch zunehmend sich verkürzenden Zeitspannen offenbar die Lebensqualität. Die Zeitknappheit gewinnt mit zunehmendem Alter Erfahrungsdichte, die bei früh abgebrochenen Lebensläufen zu gewinnen nicht möglich war. Sie wurde höchstens herbeigezwungen wie von Schiller oder bewußt blockiert wie von Kleist; oder die Möglichkeiten einer sich steigernden Intensität entglitten schlichtweg aus physiologischen Gründen, die nichts anderes mehr zuließen als den Tod von Büchner.

Der Fall unseres Jubilars Gadamer ist daran gemessen ein sehr besonderer Fall. Er wurde immer jünger, lebendiger, je älter er wurde, je älter er ist. Erst mit rund sechzig hat er sein Hauptwerk *Wahrheit und Methode* abgeschlossen und, auf diesem aufbauend, weit mehr Aspekte in die Vergangenheit und in die Zukunft gerichtet als in den vorangegangenen Jahren zuvor. Damit hätten wir schon einen biographischen Einstieg in das zentrale Problem seiner wissenschaftlichen Fragestellung: wie nämlich die Hermeneutik sich zur Zeit verhält. Alles Verstehen ohne einen zeitlichen Index bleibt stumm. Das Verstehen, sei es eines Textes oder sei es ontologisch begriffen als Entwurf menschlicher Existenz, der es um Sinn geht, alles Verstehen ist grundsätzlich zeitgebunden, nicht nur an die Zeitlage oder an den Zeitgeist, die synchron den Menschen determinieren, nicht nur an die Zeitabfolge, an den Wandel in der Zeit, das Verstehen ist für Gadamer zurückgebunden an die Wirkungsgeschichte, deren Ursprünge nicht diachron zu berechnen sind, deren Pointe darin besteht, nur in der je eigenen Zeit erfahren werden zu können. Gadamers Leben erläutert seine hermeneutische Erfahrung. Die Zeit ist nicht nur lineare Sukzession ontischer Daten – sie vollzieht sich in der Zeitigung dessen, der seiner Zeit verstehend innewird, alle Zeitdimensionen in sich bündelnd und somit Erfahrung voll ausschöpfend. Die von Gadamer entwickelte philosophische Hermeneutik und die Frage nach den geschichtlichen Bedingungen, warum wir auf Verstehen angewiesen bleiben, wenn wir leben sollen, sind ineinander verschränkt. Deshalb hat Gadamers Hermeneutik mit dem zu tun, was die historische Wissenschaft für sich selbst als Historik beansprucht: nämlich die Bedingungen möglicher Geschichten zu thematisieren, d. h. die Aporien der Endlichkeit des Menschen in seiner Zeitlichkeit zu bedenken.

Die Frage, die hier gestellt wird, und die ich entlang einigen Überlegungen, soweit sie reichen, zu beantworten suche, ist also das Verhältnis der Historik zur Hermeneutik.

Gadamers Hermeneutik enthält implizit, teils explizit, den Anspruch, die Historik zu umgreifen. Wie Theologie, Jurisprudenz, Dichtung und deren Auslegung wird auch die Geschichte zum Unterfall des existentiellen Begreifens. Der Mensch, auf Verstehen hin angelegt, kann demnach gar nicht umhin, die Erfahrung von Geschichte in Sinn zu verwandeln, gleichsam hermeneutisch zu verkraften, um leben zu können.

Nun sei von vornherein zugegeben, daß die Historie als Wissenschaft von der Geschichte als Kunst von deren Darstellung oder Erzählung Teil des hermeneutischen Kosmos ist, den Gadamer entworfen hat. Durch Hören und Sprechen und durch Texte vermittelt, bewegt sich auch der Historiker auf derselben Plattform, auf der sich die anderen pragmatischen Figuren der gadamerschen Hermeneutik bewegen, der Theologe, der Jurist und der Exeget von Dichtung. Zugegeben also, daß die Historie von der existentiellen Hermeneutik Gadamers elastisch umfangen wird und sich ihr füglich kaum entziehen kann. Wer auf Sprache und Texte angewiesen ist, kann sich dem Anspruch dieser Hermeneutik nicht entziehen. Das gilt auch für die Historie. Gilt es aber auch für die Historik, für eine Theorie der Geschichte, die nicht den empirisch zu ermittelnden Befund vergangener Geschichten untersucht, sondern danach fragt, was sind die Bedingungen möglicher Geschichte? Oder gibt es Bedingungen, die außersprachlich, vorsprachlich sind, selbst wenn sie sprachlich gesucht werden? Wenn es solche Voraussetzungen der Geschichte gibt, die sich weder in Sprache erschöpfen noch auf Texte verwiesen sind, so müßte die Historik wissenschaftstheoretisch einen Status haben, der nicht als Unterfall der Hermeneutik behandelt werden kann. Dies ist meine These, die ich zu begründen suche. Dabei werde ich in zwei Schritten vorgehen.

Erstens werde ich die Skizze einer solchen Historik entwerfen, welche die Aufmerksamkeit auf deren vorsprachliche Merkmale lenkt. Das versuche ich entlang einer Lektüre von *Sein und Zeit*, denn ohne dieses Werk ist auch die existentielle Hermeneutik von Gadamer nicht zu denken. — Zweitens konfrontiere ich die einmal skizzierten Ergebnisse einer auf Vorsprachlichkeit zielenden Historik mit Positionen aus Gadamers großem Buch *Wahrheit und Methode*.

I. Historik

Es seien einige Hinweise versucht, die auf eine vorsprachliche Historik zielen. Die Historik befaßt sich als theoretische Wissenschaft im Unterschied zur empirischen Historie nicht mit den Geschichten selber, deren vergangene, gegenwärtige und vielleicht künftige Wirklichkeiten von den Geschichtswissenschaften thematisiert und untersucht werden. Die Historik ist vielmehr die Lehre von den Bedingungen möglicher Geschichten. Sie fragt nach den theoretisch zu erbringenden Vorgaben, die es begreiflich machen sollen, warum sich Geschichten ereignen, wie sie sich vollziehen können und ebenso, warum und wie sie untersucht, dargestellt oder erzählt werden müssen. Die Historik zielt also auf die Doppelseitigkeit jeder Geschichte – sowohl Ereigniszusammenhänge wie deren Darstellung zu meinen.

Heidegger bot nun in *Sein und Zeit* einen fundamental-ontologischen Aufriß, der u. a. darauf zielte, die Bedingungen möglicher Historie sowie die Bedingungen möglicher Geschichte aus der Existentialanalyse des endlichen Daseins, gleichsam zwingend, abzuleiten. Eingespannt zwischen Geburt und Tod ist die Grundstruktur des menschlichen Daseins dessen Zeitigung. Sie entspringt der unüberbietbaren Erfahrung jener Endlichkeit, die nur im Vorlauf zum Tode erfahren werden kann – wie Innozenz III. sagte: Wir sterben, solange wir leben, und erst wenn wir aufhören zu sterben, hören wir auf zu leben.[1]

---

[1] Innozenz III., *De contemptu mundi*, lib. I cap. *xxiv*, in: *Patrologia Latina*, ed. J. P. Migne, vol. CCXVII, 714^a.

Die systematische Absicht von Heidegger war zwar, im Vorlauf zum Tode die Möglichkeit des Nichtseins so zu thematisieren, daß in der Zeitigung des Daseins der Sinnhorizont jeder Seinserfahrung aufscheinen mußte. Aber in der Analyse seiner Endlichkeitsbestimmung drängten sich gleichwohl zahlreiche anthropologisch lesbare Kategorien und Interpretationen auf, die fortschreibbar und ausweitbar waren, so sehr sich Heidegger gegen eine derartige Anthropologisierung zu wehren suchte. So sind Begriffe in seine Analysen eingegangen wie „Sorge" und „Angst", oder wie „die Übernahme des Schicksals" und die Geschichte als „Geschick", Begriffe wie „Eigentlichkeit" und „Uneigentlichkeit", „Volk", „Treue", „Erbe", „Freisein zum Tode", schließlich „Tod", „Schuld", „Gewissen" und „Freiheit" – kurz: Die politische Semantik dieser Terminologie ließ sich durch keine methodischen Schutzmaßnahmen mehr aus der Welt schaffen. Wer vor 1933 von zum Tode vorlaufender „Entschlossenheit" redete, konnte sich spätestens nach 1945 der Ideologisierung nicht mehr entziehen. Heute sind zahlreiche Bestimmungen verblaßt, klingen schal oder überholt und bedürfen bereits einer historischen Übersetzung, um als fundamental-ontologische Kategorien lesbar zu bleiben und Dauer zu beanspruchen. Aber es geht hier nicht darum, das Pathos der zwanziger Jahre ideologiekritisch zu durchleuchten. Vielmehr stellt sich für uns die Frage, ob die angeführten Bestimmungen Heideggers ausreichen, eine Historik zu entwickeln, die aus der Grundbestimmung der Endlichkeit und der Geschichtlichkeit auch die Bedingungen möglicher Geschichten ableiten läßt. Genau dies scheint mir nur unzureichend der Fall zu sein.

Der Mensch als „Dasein" ist noch nicht frei für seinen Mitmenschen – eine Thematik von Löwith – und nicht offen in seiner Konfliktträchtigkeit mit seinesgleichen. Die Zeiten der Geschichte sind nicht identisch und auch nicht zur Gänze ableitbar aus den existentiellen Modalitäten, die an dem Menschen als „Dasein" entwickelt worden sind. Die Zeiten der Geschichte sind von vornherein zwischenmenschlich konstituiert, es handelt sich um Gleichzeitigkeiten des Ungleichzeitigen, um Differenzbestimmungen, die ihre eigene Endlichkeit enthalten, die nicht auf eine „Existenz" zurückführbar ist.

Deshalb möchte ich zunächst das kategoriale Angebot erweitern. Dabei scheint es mir sinnvoll zu sein, speziell die Endlichkeitsbestimmungen der Daseinsanalytik von Heidegger zu ergänzen, um die Ermöglichung tatsächlicher Geschichten in den Blick zu rücken. Das zentrale Oppositionspaar von Heidegger, die „Geworfenheit" (empirisch gesehen die Geburt) und „das Vorlaufen zum Tode" (empirisch gesehen das Sterbenmüssen), läßt sich durch weitere Oppositionsbestimmungen ergänzen, die den zeitlichen Horizont unserer Endlichkeitserfahrungen schärfer, jedenfalls auch anders bestimmen. Daß es sich dabei um Kategorien handelt, die eine Ausweitung in die historische Anthropologie nahelegen, kann uns dabei um so weniger stören, als es gerade die Kategorien Heideggers selber waren, deren anthropologische Lesbarkeit eine Historik zwar provozierten, aber nur unzureichend begründen ließen. Denn aus „Herkunft", „Erbe", „Treue", „Volk", „Geschick", „Schicksal", „Sorge" und „Angst" – um nur einige wichtige Bestimmungen zu wiederholen – lassen sich die Bedingungen möglicher Geschichten nicht hinreichend begründen.

Ich möchte fünf Kategorien nutzen, die wohlbekannt sind, die aber als Oppositionspaare geeignet erscheinen, so etwas wie die zeitliche Grundstruktur möglicher Geschichten zu thematisieren.

1. Heideggers zentrale Bestimmung des „Vorlaufens zum Tode" muß, um Geschichten zu ermöglichen, ergänzt werden durch die Kategorie des Totschlagenkönnens. Es zeichnet die Geschichten der Menschen aus, daß sie nicht nur im Horizont ihres Sterbenmüssens das Überleben immer und immer wieder zur Aufgabe ihrer Anstrengungen gemacht haben. Angefangen von den sammelnden und jagenden Horden bis zu atomar hochgerüsteten Supermächten steht der Kampf ums Überleben immer zugleich unter der Drohung des Todes der andern oder mehr noch durch den andern. Diese Drohung kann die tatsächliche Gewaltanwendung bekanntlich begrenzen. Das eigentliche Risiko des Überlebens enthält die Chance, daß sich die jeweils organisierten Menschen gegenseitig umbringen können und aus Gründen des Überlebens streckenweise auch glauben, sich gegenseitig umbringen zu müssen.

„In einer Beziehung gleicht eine Kavallerieattacke durchaus dem gewöhnlichen Leben. Wenn du wohlauf bist, fest im Sattel sitzt, dein Pferd sicher an der Hand hast und deine Waffen gebrauchen kannst, dann werden dir deine Gegner zumeist hübsch aus dem Weg gehen. In dem Augenblick aber, wo du deinen Bügel verloren hast, dir ein Zügel gerissen ist, du deine Waffe hast fallen lassen, du selbst verwundet bist oder dein Pferd, dann werden deine Feinde von allen Seiten über dich herfallen."

So beschreibt Churchill eine der letzten Reiterschlachten, die er im Sudan selbst ausgefochten hat.

„Mitten in der Masse des Feindes zum Stillstand gekommen, gepackt von allen Seiten, von Lanze und Säbel zerstochen und zerhackt, wurden [meine Kameraden] von ihren Pferden gezerrt und von dem rasenden Feind in Stücke gehauen."[2]

In Heideggers Diktion läßt sich füglich sagen, das gegenseitige Sichumbringenkönnen ist „gleichursprünglich" mit dem Vorlauf zum Tode, soweit es sich um das Dasein als ein geschichtliches Dasein handelt. Deshalb auch ist es eine geschichtliche Leistung, wenn Frieden gehalten, gewahrt oder nach einem Krieg überhaupt Frieden gestiftet wird.

Welche historischen Erscheinungsformen im Laufe der Zeit auch thematisiert werden, um Ausprägungen möglichen Krieges und möglichen Friedens und deren Künste und deren Gemeinheiten zu untersuchen: Ohne die Fähigkeit, seinesgleichen umbringen zu können, ohne die Fähigkeit, die Zeitspanne der Lebensmöglichkeit der jeweils anderen gewaltsam abkürzen zu können, gäbe es nicht die Geschichten, die wir alle kennen.

2. Hinter dem Oppositionspaar des Sterbenmüssens und des Tötenkönnens steht eine weitere Opposition: die von Freund und Feind. Wir alle wissen zur Genüge, daß dieses Begriffspaar demselben politischen Kontext entstammt, in dem auch *Sein und Zeit* seine zeitspezifischen Valeurs erhalten hat, die den Text heute schon als einen historischen Text lesbar machen. Aber unbeschadet der politisch-ideologischen Spitze dieser

---

2 Winston S. Churchill, *My Early Life*, dt. *Weltabenteuer im Dienst*, Hamburg 1954, S. 122.

Termini und ihrer weltanschaulichen Verwendbarkeit müssen wir uns darüber klar sein, daß das Oppositionspaar von Freund und Feind ganz formal Endlichkeiten thematisiert, die hinter allen Geschichten menschlicher Selbstorganisation auftauchen. Ob sich in der tatsächlichen Geschichte Griechen und Barbaren bekämpfen oder Griechen und Griechen, ob sich Christen und Heiden bekämpft haben oder Christen untereinander, ob sich die modernen Handlungseinheiten im Namen der Menschheit konstituieren und den Gegner als Unmenschen bekämpfen, oder ob sich die Handlungseinheiten als Klassensubjekte begreifen, um die Klassen überhaupt zu beseitigen, – die empirische Ausweitung in ihrer diachronen Sukzession setzt allemal das Oppositionspaar Freund und Feind voraus. Hier handelt es sich kategorial gesprochen um eine formale Opposition, die allen inhaltlichen Auffüllungen zugänglich bleibt, also um eine Art transzendentaler Kategorie möglicher Geschichten. Und wer aus Klugheit oder humanitärer Sympathie auf dem christlichen Gebot der Feindesliebe besteht und insistiert – es zu befolgen ist heute vielleicht aus rein machiavellischen Gründen ein Gebot der Selbsterhaltung auf unserem Globus –, also auch wer sich der christlichen Feindesliebe zu bedienen gedenkt, der setzt das kategoriale Oppositionspaar von Freund und Feind denknotwendig voraus. Die Kategorien sind als existentiale Bestimmungen härter, als daß sie sich nur einer Ideologisierung aussetzen könnten. Freund oder Feind enthalten zeitliche Zukunftsbestimmungen, in denen das „Sein zum Tode" durch das Sein zum Totschlagen jederzeit überholt werden kann. Wer die bewegliche Grenze zwischen Israel und Libanon kennt oder wer die Rüstungsthemen am grünen Tisch zu Genf durchspielt, der weiß, daß keine Ideologiekritik hinreicht, um zu verhindern, daß die existentialen Kategorien jederzeit existentiell aufgefüllt und ausgefüllt werden können. Schon in der Anerkennung des andern als Feind und nicht als auszutilgender Inkarnation des Bösen liegt eine Hoffnung auf Frieden beschlossen. Auch jemand, der die wachsende Zuspitzung, möglicherweise zwischen Freund und Feind unterscheiden zu müssen, als Zumutung empfindet und wer sich dieser Zumutung entziehen will, dem bleibt zumindest die Einsicht, daß es sich um einen Extremfall handelt, der in seiner potentiellen Wiederkehr auch kommende Geschichten möglich machen wird.

3. Hinter der akuten Zuspitzung steht freilich ein allgemeineres Oppositionspaar, nämlich der Gegensatz von Innen und Außen, der geschichtliche Räumlichkeit konstituiert. Wenn Heidegger die Räumlichkeit des Daseins als gleichursprünglich mit seinem In-der-Welt-Sein aufgewiesen hat, so muß eine Historik diese Bestimmung dahingehend ergänzen, daß jedes geschichtliche Dasein nach einem Innen- und Außenraum aufgespalten ist. Es gibt keine soziale oder politische Handlungseinheit, die sich nicht durch Ausgrenzung anderer Handlungseinheiten konstituiert. Wenn alle Menschen Mitmenschen sind, was unbestreitbar bleibt, so sind sie es geschichtlich gesehen auf je verschiedene Weise. Es gibt keine Liebesgeschichte, die sich nicht ihre Innen- und Außenbeziehungen schafft, von deren Spannung sie sich zugleich tragen läßt. Und dieselbe Innen- und Außenopposition taucht in allen Geschichten auf, auch wenn die Handlungseinheiten höher aggregiert sind als nur durch zwei Personen. Zu jeder Innen- und Außenrelation

gehören mit ihrer räumlichen Tiefenstaffelung zugleich Grenzbestimmungen, kraft derer über das jeweilige Innen und Außen befunden wird. Diachron wechseln natürlich die Räume, deren Dichte und deren Größe sowie ihre Grenzverläufe. Und ebenso ändern sich die Konflikte, die durch jeweilige Grenzziehungen hervorgerufen und wieder geregelt oder die durch Grenzverschiebungen gelöst werden.

Die Epochen der Weltgeschichte ließen sich inhaltlich gesehen je nach den Zuordnungen von Innen und Außen definieren, von den wandernden und jagenden Gruppen angefangen über die komplexen Oppositionsformen der Hochkulturen bis zur heutigen Weltgesellschaft in ihrer umstrittenen Pluralität. In der gegenwärtigen Lage scheinen die Grenzen osmotisch geworden zu sein, weil der wachsende Druck ökonomischer und technischer Abhängigkeiten die gegenseitige Angewiesenheit aller Handlungseinheiten auf dem Globus gesteigert hat. Aber auch die osmotischen Grenzen bleiben Grenzen, deren Durchlässigkeit politisch heute strenger überwacht wird, als dies jemals zuvor der Fall war. Gerade die Vielschichtigkeit sich überlappender Räume setzt die kategoriale Grundopposition von Innen und Außen nicht außer Kraft, sondern immer noch voraus. Am augenfälligsten ist dies an den militärischen Handlungseinheiten der Großraumorganisationen in Ost und West zu zeigen. Die globale Interdependenz, die biologisch oder ökonomisch komplexe und vielschichtige Räume schafft, die, inzwischen auch ökologisch bedingt, bis in die Heizungsrechnungen durchschlägt und die Katalysatoren provoziert, sie reicht nicht aus, um nicht politische Raumfestlegungen desto mehr zu stabilisieren.

Eine Ausprägung unserer Oppositionsbestimmungen von Innen und Außen ist der notwendig ineinander verschränkte Gegensatz von Öffentlichkeit und Geheimnis. Auch diese Opposition strukturiert die Bedingungen aller möglichen Geschichten, ob ich die Initiationsriten von Kultgemeinschaften nenne oder von Berufsverbänden und wirtschaftlichen Interessengruppen oder ob ich von politischen Wahlverfahren (und auch ihren Bezahlungsmodalitäten) oder von Entscheidungsgremien der Innen- oder Außenpolitik handeln will. Jedes Geheimnis grenzt *per definitionem* einen öffentlichen Außenbezirk aus, jeder einmal institutionalisierte Öffentlichkeitsraum reproduziert neue Geheimräume, um weiterhin Politik treiben zu können. Das reicht von der UNO-Politik bis herunter in unsere neuen Fakultäten. Deren ständisch hergestellte plurale Öffentlichkeit führt zwangsläufig zu geheimen Ausspracheforen der organisierten Gruppen, die den Fakultätssitzungen vorgeschaltet werden müssen, um sie arbeitsfähig zu erhalten. So haben alle Innen- und Außenrelationen, sofern sie auf eine Ausgrenzung von Geheimnis und Öffentlichkeit hinzielen, immer einen zeitlichen Handlungskoëffizienten, dessen Effektivität größer oder kleiner sein mag. Anders läßt sich die Handlungsfähigkeit der Agenten nicht am Laufen halten. Freilich kann die Wechselwirkung verschieden dosiert werden. Die Grenzbestimmung zwischen Geheimnis und Öffentlichkeit ist in den westlichen Demokratien weit durchlässiger und ermöglicht eine gegenseitig sich korrigierende Elastizität, begünstigt aber auch eine dementsprechende Langsamkeit des Handelns. Im Bereich kommunistischer Herrschaft dient die Grenzbewachung vorzüglich dazu, die Öffentlichkeit funktional zur undurchschaubaren

Binnenplanung der ZK-Gremien zu steuern. Hier mag schnelles Handeln möglich sein, aber es bleibt entsprechend starr und unelastisch.

Selbst der moralische Öffentlichkeitstest, den Kant für vernunftgemäße Rechtsregelungen fordert, kann nicht verhindern, daß die Durchführbarkeit von Veränderungen an ihre geheimen Planungsphasen zurückgebunden bleibt. Sonst würde jede Reform schon an den Prinzipien scheitern, um derentwillen sie betrieben wird. Die Geschichte der preußischen Reformen ist ein gutes Beispiel dafür, daß die öffentlichkeitsfähigen und öffentlichkeitsheischenden Prinzipien der Liberalisierung nur durchgesetzt werden konnten, indem die politisch herrschende Öffentlichkeit, die von den adligen Ständen dominiert war, von den Entscheidungsprozessen so weit so lange ferngehalten wurde, bis die Reformen im Namen einer zukünftigen Öffentlichkeit überhaupt in Gang gesetzt werden konnten. Wenn die alten Stände schon in der Planungsphase der Wirtschaftsreformen beteiligt worden wären, dann wäre gar keine Reform erfolgt.

Und wer das Postulat einer herrschaftsfreien Diskussion aufstellt, der bedient sich jener Zeitenthobenheit, die es in Anbetracht der handlungsrelevanten Grenzbestimmungen zwischen Geheimnis und Öffentlichkeit nicht geben kann. So gehört die Opposition von Geheimnis und Öffentlichkeit als eine spezielle Ausprägung von Innen und Außen zu den Strukturbedingungen möglicher Geschichten. Allesamt stehen sie unter Zeitdruck, zu dessen Entlastung oder Entzerrung die Grenze zwischen geheim und öffentlich immer wieder aufs neue gezogen und wahrgenommen werden muß. *Watergate* war eine kriminelle Durchbrechung dieser Schranke.

4. Die Endlichkeitsanalyse, kraft deren Heidegger den Zeitlichkeits- und Geschichtlichkeitshorizont erschlossen hat, um Geschichte überhaupt als möglich zu erweisen, bedarf noch einer weiteren Differenzierung. Die sogenannte Geworfenheit, die unbeschadet ihrer tierischen Assoziationen den Hinnahmezwang des eigenen Daseins und, empirisch gesprochen, die Geburt meint, mit der das Leben und damit auch schon das Sterben anfängt, diese Endlichkeitsbestimmung, aus deren faktischer Vorgegebenheit die Zeitigung abgeleitet werden kann, muß selbst differenziert werden, um Bedingungen möglicher Geschichten zu begründen. Ich schlage die Kategorie der Generativität vor, wenn dieses Kunstwort einmal hingenommen werden darf. Hannah Arendt spricht im gleichen Sinne von Gebürtlichkeit oder Natalität. Biologisch gesehen ist es die natürliche Geschlechtlichkeit, aus der die Zeugung von Kindern entspringt. Hierin gründet die anthropologische Umformung, die aus einer zoologischen Vorgabe eine allgemein menschliche Wirklichkeit macht. Hier soll nur gezeigt werden, daß die Relation von Mann und Frau über die Generativität zur Verhältnisbestimmung von Eltern und Kindern, von Generationen führt. Der Generativität als einer gleichsam transzendentalen Bestimmung entspricht, empirisch gesehen, die menschliche Geschlechtlichkeit wie auch die Wirklichkeit und Wirksamkeit von Generationen in ihrer diachronen Sukzession. In der Generativität liegt jene Endlichkeit beschlossen, die zu den zeitlichen Voraussetzungen gehört, immer neue mögliche Geschichten aus sich hervorzutreiben. Die zwangsläufige Abfolge von Generationen in ihrer sich fortzeugenden faktischen und zeitlichen Überlappung führt zu immer neuen Ausschließungen, zu dia-

chronen Innen- und Außenbestimmungen, zum Früher oder Später der jeweils generationsspezifischen Erfahrungseinheiten. Ohne diese Ausschließungen ist keine Geschichte denkbar. Generationenwechsel und Generationenschübe sind schlechthin konstitutiv für den zeitlich endlichen Horizont, durch dessen jeweilige Verschiebung und generative Überlappung sich Geschichten ereignen. Erfahrungen sind generationsspezifisch und deshalb sind Erfahrungen nicht unmittelbar übertragbar.

Die Studentenrevolte der späten 60er Jahre wurde von der ersten Generation getragen, die den II. Weltkrieg nicht mehr erlebt hatte. Wohl aber wurde diese Generation mit den Erfahrungen derer konfrontiert, die als ihre Eltern in der NS-Zeit und durch diese geprägt worden waren. Der Generationsbruch war als Vorwurf gleichsam vorprogrammiert, die Konfliktlagen waren im Generationenbruch angelegt, und so lassen sie sich auch historisch begründen. Nur die Vorwurfsstruktur, die diesem Generationenkonflikt innewohnte, ließ sich nicht direkt auflösen.

So lassen sich alle tatsächlichen Geschichten nach zwei Möglichkeiten hin aufschlüsseln: Entweder gelingt es, den generativ immer vorgegebenen Bruch zu überspannen, oder es gelingt dies nicht. Man denke an die Ritualisierungen der Generationsabfolge, die den jeweiligen Eintritt in die Welt der sogenannten Erwachsenen durch Einweihung oder Prüfung, d. h. durch Eintritt in neue Innen- und Außenbeziehungen zu regeln suchen. Oder man denke an Institutionalisierungen, die aus den zunächst jeweils persönlichen Eidesleistungen abgeleitet wurden, um mit jeder nachwachsenden Generation die Identität der Handlungsgemeinschaft zu erneuern. Oder man denke an die rekurrenten Wahlakte, um den Erfahrungswandel der nachrückenden Generationen politisch in ein demokratisches System integrieren zu können. Oder man denke an das Institut der Emanzipation, dessen iterative Struktur allein Dauer ermöglicht. Es wäre ein Irrtum zu glauben, daß die Emanzipation, die immer generationsbedingt ist, jemals eine endgültige und allgemeine sein könne. Die Mündigkeit läßt sich nicht als solche ontologisch verewigen oder inhaltlich verdinglichen. Der rührende Spruch „Trau keinem über Dreißig", auf den die Studenten so stolz waren, kann nur wahr gewesen sein, wenn er eben diese Studenten zehn Jahre später ins Unrecht setzt.

Im Hinblick auf die Zeitigung der Generationen ist jede Emanzipation rechtlicher, politischer oder sozialer Innovation nur zu verwirklichen, indem sie als formale Bestimmung wiederholbar sein muß, indem sie nie inhaltlich festgeschrieben und verewigt werden darf, etwa als ein vermeintliches Ziel der Geschichte.

Freilich kann die mit der Generativität vorgegebene Brucherfahrung auch zu gewaltsamen Änderungen führen, wie sie in Bürgerkriegen oder Revolutionen üblich sind. Die Generationsverwerfung gehört zu den elementaren Voraussetzungen jeder sich zeitigenden Geschichte, ob sie nun institutionell aufgefangen oder revolutionär verändert wird, – aber dies ist eine Frage der faktischen Geschichte, deren Möglichkeitsbestimmung in der Generativität enthalten ist.

5. In unseren Zusammenhang gehört ein Oppositionspaar, das seiner alteuropäischen Zopfigkeit zum Trotz von gleicher Formalität und Erklärungskraft bleibt wie alle bisher genannten

Kategorien. Ich meine „Herr und Knecht". Plato zählt sechs verschiedene Relationen auf, kraft derer von Natur aus Abhängigkeiten entstehen, die Herrschaftsverhältnisse im Bereich des Politischen, aber ebenso politische Konflikte stiften helfen. Nur eine Relation, nämlich nach Gesetzen zu leben, definiert er als Abhängigkeit, die von Natur her keine heteronomen Ansprüche oder Konflikte hervorrufen würde. Formal gesprochen handelt es sich also um Oben-Unten-Relationen. Auch diese gehören zu den Endlichkeitsbestimmungen, ohne die, trotz aller Kunstleistungen politischer Selbstorganisation, Geschichten nicht möglich sind. Eine dieser Ausprägungen ist das blanke Machtverhältnis der Starken gegenüber den Schwachen. Der Melier-Dialog des Thukydides ist zweifellos in Moskau, als Dubček die Freiheit von Prag zu retten suchte, wiederholt worden. Wer im Dialog zwischen Athenern und Meliern und wer im Dialog zwischen Moskau und Prag oben oder unten war, läßt sich empirisch zeigen. An dem Befund selbst, daß sich immer neue Abhängigkeiten einspielen, und sei es nur, um über die endlichen Bestimmungen möglicher Geschichten Herr zu werden, daran ändert sich nichts. Despotie und Tyrannis als offene Unrechtsformen sind nur Extremfälle, die auf Gefahren verweisen, die möglich, aber nicht notwendig sind, solange Abhängigkeitsverhältnisse durch Autorität, Brauchtum oder Tradition oder durch Vereinbarung und Recht zugleich Wandel und Umkehr ermöglichen. Jede Revolution, die auf gewaltsame Weise Gewaltverhältnisse geändert hat, führt zur Etablierung neuer Gewaltverhältnisse. Die Legitimation mag neu sein, die Rechtsverhältnisse mögen andere, vielleicht sogar bessere geworden sein, an der Wiederkehr von neu organisierten und rechtlich geregelten Abhängigkeitsformen, an der Oben-Unten-Relation selbst ist deshalb noch nie etwas geändert worden. Selbst eine Vereinbarung unter Gleichen setzt politische Gewalt ein, um die Relationen zu stabilisieren.

Worin liegt nun die Gemeinsamkeit der aufgeführten fünf Oppositionspaare, die eine Historik bereitstellen mag? Es handelt sich, im Gefolge Heideggers, um existentiale Bestimmungen, d. h. in gewisser Weise um transzendentale Kategorien, die die Möglichkeit von Geschichten benennen, ohne deshalb schon konkrete Geschichten hinreichend beschreibbar zu machen. Der Kategorienkatalog ist auf empirische Einlösung hin angelegt, ohne die Mannigfaltigkeit der tatsächlich sich ereignenden Geschichten deshalb erfassen zu können. Immer müssen Zusatzbedingungen hinzukommen, um einer Geschichte ihren, wie auch immer konstruierten, Realitätscharakter verleihen zu können. Es seien nur die zahlreichen Lebensbereiche genannt, die aus der religiösen, kulturellen, ökonomischen, politischen, gesellschaftlichen oder sonstwie definierten Sphäre hinzukommen müssen, um eine Geschichte darstellbar zu machen.

Weshalb also die transzendentalen Minimalbedingungen überhaupt aufführen? Sie sind geeignet, als Oppositionspaare, Strukturen der Endlichkeit aufzuzeigen, die durch gegenseitige Ausschließlichkeit Zeitspannungen evozieren, die sich zwischen den und innerhalb der Handlungseinheiten notwendigerweise einstellen müssen. Geschichten ereignen sich nur deshalb, weil die in ihnen angelegten Möglichkeiten weiter reichen als sie hinterher eingelöst werden können. Dieser Überschuß von Möglichkeiten muß abgearbeitet werden, um etwas „in der

Zeit" verwirklichen zu können. Deshalb bedarf es der Oppositionsbestimmungen, die jene zeitliche Endlichkeit hervortreiben, in deren Horizont sich Spannungen, Konflikte, Brüche, Inkonsistenzen auftun, die situativ immer unlösbar bleiben, aber an deren diachroner Lösung sich alle Handlungseinheiten beteiligen und betätigen müssen, sei es, um weiterzuleben, sei es, um darüber unterzugehen. Freund und Feind, Eltern-Kinder, Generationsabfolgen, Früher oder Später, die Spannungen zwischen Oben und Unten wie die Spannungen zwischen Innen und Außen bzw. Geheimnis und Öffentlichkeit – sie bleiben konstitutiv für Entstehung, Verlauf und Wirksamkeit von Geschichten.

Es handelt sich bisher um eine theoretische Skizze, plakativ gewiß, die die Existentialanalyse von Heidegger in eine Richtung weitertreiben soll, die Heidegger selbst nicht ins Auge gefaßt hat, nämlich die Ermöglichung von Geschichten zu begreifen, während Heidegger selbst sich mit der Kategorie der Geschichtlichkeit begnügt hat. Diese Kategorie hatte gleichsam die Relativitätserfahrung des Historismus auf eine positiv lesbare Dauer gestellt, ohne dadurch die Vielfalt wirklicher Geschichten transzendental begründen zu helfen.

II. Historik und Hermeneutik

Eine Kategorie habe ich bei der Skizze einer möglichen Historik mit Bedacht ausgespart, eine Kategorie, die jeder Zuhörer unserer Thematik gerade hier und heute füglich erwartet haben muß: die der **Sprachlichkeit**. Gadamer hat, von Heidegger ausgehend, ihn aber auch überbietend – nicht zuletzt dank seiner humanistischen und wissenschaftlichen *grandezza* – diese Vorgabe in das Zentrum seiner philosophischen Hermeneutik gerückt. Der traditionelle hermeneutische Zirkel im Verstehensvorgang aller Texte und Reden, indem sich Teil und Ganzes jeweils voraussetzen, um begriffen werden zu können, dieser hermeneutische Zirkel war schon von Dilthey und Heidegger eine Etage tiefer angesiedelt worden. Die menschliche Existenz ist deshalb ein geschichtliches Dasein, weil es immer schon auf Verstehen einer Welt hin angelegt ist, die sprachlich im selben Akt zugleich erfaßt und konstituiert wird. Die Rückbindung jeder Welterfahrung an ihre Weltdeutung ist also gleichursprünglich mit ihrer sprachlichen Ermöglichung und damit wie jede Sprache auch geschichtlich. Hermeneutik ist also allen wissenschaftlichen Ausdifferenzierungen und methodischen Handhabungen zuvor die Lehre existentieller Einbindung in das, was man sprachlich ermöglichte und sprachlich vermittelte Geschichte nennen mag. Es geht bei Gadamer um geschichtliche Wahrheit und nur subsidiär um Methode. Der Titel *Wahrheit und Methode* hat etwas von produktiver Irreführung an sich. Die Kopula ‚und' bindet Wahrheit und Methode nicht wie Frau und Mann zusammen. Aber die Methode ist auch nicht die Ausmünzung der Wahrheit in Form von Heller und Pfennig. Eher sei der Vergleich erlaubt, daß es sich um eine allgemeine Klimalehre handelt, in der auch ein begrenzter Platzregen seinen Ort findet.

Hermeneutik als Lehre vom Verstehen hat also einen geschichtsontologischen Rang, und Sprachlichkeit ist die ihr innewohnende Vollzugsweise, die sich methodisch nicht vergegenständlichen läßt. Ohne diese Art von vorgegebener Welterfahrungsmöglichkeit ist menschliches Dasein, allen Wissenschaften zuvor, gar nicht denkbar. Damit rückt die Verbindung von Hermeneutik und Historik zweifellos in ein neues Licht.

Was zeichnet den kategorialen Entwurf aus, mit dem die Historik, wie geschildert, die transzendentalen Bedingungen möglicher Geschichten umreißt? Immer handelte es sich um Bestimmungen, die auf vor- und außersprachliche Strukturen zielten. Denn immer handelte es sich bei den allgemeinen Formalbestimmungen von Innen und Außen, Oben und Unten, Früher oder Später und auch bei den konkreteren Formalbestimmungen von Freund und Feind, von Generativität, von Herr und Knecht und von Öffentlichkeit und Geheimnis, um kategoriale Bestimmungen, die auf Seinsweisen zielen, die zwar sprachlich vermittelt werden müssen, aber der Sache nach nicht in sprachlicher Vermittlung aufgehen, sondern auch etwas Eigenständiges sind. Es handelt sich also um Kategorien, die auf eine Seinsweise möglicher Geschichten zielen, die so etwas wie Verstehen und Begreifen erst provozieren. Hermeneutik wäre dann gleichsam dazu verurteilt, auf ein Geschehen zu reagieren, was von der Historik theoretisch vorausbestimmt worden ist. Historik verweist dann, vereinfacht gesagt, auf Handlungszusammenhänge, auf Endlichkeitsformationen in einem auch außersprachlichen Bereich; – Hermeneutik verweist auf deren Verständnis. Diese Antwort hat zweifellos etwas für sich, aber sie ist zu einfach, um nur wahr zu sein.

Deshalb fragen wir zum Schluß noch einmal nach dem sprachlichen Status der Kategorien, die unsere Beschreibung transzendentaler Bedingungen möglicher Geschichten verwendet hat. Ein möglicher Einwand der Hermeneutik könnte lauten: Dieser Typ von Historik, der hier skizziert wurde, ist doch nur eine mögliche von anderen denkbaren Historiken. Es ist eine Historik, die auf jene metahistorischen Bedingungen zielt, die der Mensch auch mit den Tieren teilt. So ist es keine Historik, die sich etwa aus den Kategorien der Arbeit und Arbeitsteilung ableiten läßt, wie bei Marx. Wie es zu dieser oder zu einer anderen Historik gekommen ist, läßt sich aber nur im Horizont ihrer sprachlichen Genese hermeneutisch verstehen. Da treiben im Strom des Überlieferungsgeschehens einige Texttrümmer herum, theoretische Versatzstücke, die vor allem aus der Wirkungsgeschichte der politischen Theorie stammen, von Plato bis zu Carl Schmitt, und da steht ein armer Historiker am Ufer dieses Stromes, oder glaubt dort zu stehen, und sammelt sich von den Trümmern heraus, was ihm paßt, um theoretisch neu gerüstet auf dem Strom des Geschehens weiterschwimmen zu können.

Nun gut, aller schiefen Metaphorik zum Trotz ist diese Beschreibung nicht ganz falsch. Im Hinblick auf sprachliche Herkunft, auf die Übernahme von Erbe, im Hinblick auf die Auseinandersetzung mit der vorangegangenen Tradition geschriebener Historiken und wie die Anschlußdefinitionen im Horizont der Kontinuität auch heißen mögen, trifft diese

Beschreibung zu. Aber damit ist die hier nur beispielhaft entwickelte Historik noch nicht ihrem Inhalt nach zu einem Unterfall von Hermeneutik geworden: bloß weil die Herkunft der historischen Theorie sprachlich aufweisbar oder etwa weil diese Theorie als eine sprachliche Antwort auf eine vorgegebene Frage begriffen werden kann.

Für die wissenschaftliche Aufgabe einer Historik kommt es darauf an zu wissen, was sie analytisch leistet, um dem Chaos geschichtlicher Befunde oder historischen Vorwissens eine rationale Ordnung abzugewinnen. Geschichte selbst, wenn diese ideologieträchtige Vokabel einmal hingenommen wird, ist unvernünftig – vernünftig ist höchstens deren Analyse. Worauf es also ankommt, scheint wiederum dies zu sein: Thematisiert eine Historik Möglichkeitsstrukturen von Geschichten, auf die eine Verstehenslehre erst reagieren kann? Selbst wenn gezeigt werden mag, auf welchem Wege der Historiker zu seiner Historik gekommen ist, ist noch nichts darüber ausgemacht, ob das Ergebnis auf den vorgedachten Befund hin anwendbar ist oder nicht, oder, anders gewendet, ob er Wahrheit sichtbar macht und zugleich methodisch kontrollierbar.

Die Verhältnisbestimmung wird nun zweifellos noch komplizierter, wenn davon ausgegangen wird, daß Hermeneutik und Historik beide auf Sprachlichkeit verwiesen bleiben, um ihren gegenseitigen Status reflektieren zu können.

Gehen wir von zwei starken Thesen aus, die Gadamer immer wieder vertritt und die einleuchten. Erstens sagt Gadamer, daß unsere Welterfahrung zwar sprachlich ermöglicht und vermittelt wird, aber niemals selbst nur ein Sprachvorgang ist oder sich in Sprache erschöpft. Im Gegenteil, es geht bei jeder Versprachlichung um die Sache, die zur Sprache gebracht wird. Insofern verbleibt auch die Sache der Historik im Umkreis der allgemeinen Hermeneutik. Aber Gadamer geht so weit in seiner Auseinandersetzung mit Habermas und Apel, die Uneinholbarkeit, die unerreichbare Sinnvorgabe zu betonen, die Geschichte allem Verstehen aufnötigt und sie aller hermeneutischen Anstrengung überlegen macht. „Das ist nichts anderes als die Freilegung der wahren hermeneutischen Thematik. Ihre eigentliche Legitimation findet sie vollends in der Erfahrung der Geschichte".[3] Die Überlegenheit dessen, was verstanden werden soll, ist durch keine Auslegung jemals ganz einholbar. Dann wäre die Thematik der Historik gleichsam ein ganz besonderer Fall, an dem sich die Sprache vergeblich abarbeitet.

Zweitens betont Gadamer, daß auch im methodisch engeren Rahmen der textgebundenen Wissenschaften und ihrer Auslegungen die historische Einstellung zu den Quellen sich stark unterscheidet von den benachbarten Geisteswissenschaften, die ebenfalls textgebunden arbeiten. Innerhalb der textinterpretierenden Wissenschaften hat die historische Wissenschaft einen Rang, der fast die Überbietung aller hermeneutischen Verfahren darstellt. Das sei kurz erläutert.

Juristische, theologische und philologische Verfahrensweisen haben dies gemeinsam, daß dem Text eine genuine, in gewisser Weise nicht hinterfragbare Stellung zukommt.

Die Gesetzesexegese ordnet die jeweilige Fallgeschichte so an, daß ihre Elemente der Gesetzesaussage subsumierbar wer-

---

[3] Hans-Georg GADAMER, Replik in: *Hermeneutik und Ideologiekritik*, Theorie-Diskussion, Frankfurt a. M. 1971, S. 302.

den, um einen gerechten Richterspruch daraus hervorgehen zu lassen. Ein juristischer Fall, der dem Gesetz subsumiert wird, wird sprachlich anders gestaltet, als wenn der Fall psychologisch oder sozialhistorisch aufgerollt würde. Die Rückbindung an den Wortlaut des Gesetzes präformiert die Fallgeschichte in entscheidungsträchtiger, applikationserleichternder Weise. Der Gesetzestext hat also eine regulative Funktion in der Ausdeutung der Geschichte, die ihm zugeordnet wird. Unter andern Aspekten mag der Fall, der etwa zu einem Schuldspruch führt, psychologisch, moralisch oder ideologiekritisch eine Unschuld aufweisen, die konträr zur Gesetzesauslegung Bestand hat.

Wenn sich die Gesetzesdeutung verschiebt, im Zuge sich ändernder politisch-sozialer Bedingungen, dann eilt also die Textexegese der Geschichte nach. Es muß Faktoren geben, die dem Wandel der Verstehensanalyse und der Applikation vorausliegen. Und wenn durch schöpferische, ändernde Rechtsprechung ein Fall in neues Licht gerückt wird, der bisherigen Gesetzesexegese zuwider, dann ist der produktive, auf die Geschichte reagierende Anteil stärker als der deutend rezeptive Anteil in der juristischen Hermeneutik bisher sein konnte. Aber die Entscheidung, ob ein Text neu gedeutet oder gar das Gesetz geändert werden muß, weil neue Sachverhalte auftauchen: dieser produktive Akt gehört primär zur Historik als theoretischem Fundament und nur sekundär zur Hermeneutik. – Es ist nun eine These Gadamers, daß sich die Geschichte über die Köpfe der Menschen hinweg vollzieht. Dem sprachlichen Verstehen, das auf einen vorgegebenen Gesetzestext rekurriert, muß also ein Begreifen der Geschichte, genauer des historischen Wandels vorausgehen, das sich dann in neuen Gesetzen oder in radikalen Neuauslegungen alter Texte niederschlägt.

Gemessen an juristischen Texten sind die Theologen und die Philologen noch enger zurückgebunden an den Status ihrer Quellen. Der Theologe bleibt auf das Wort Gottes verwiesen, wie es sich im Bibeltext offenbart hat. Und selbst wenn, wie Nietzsche sagte, Gott sein Griechisch nur schlecht gelernt hatte, als er das Neue Testament diktierte, selbst dann bleibt der Text der Offenbarung von potentiell dogmatischer Aussagekraft. Die im Bibeltext behandelte Sache kann zwar historisch relativiert und auf neue Herausforderungen umgestimmt werden, als Offenbarungstext behält die Bibel ihren einmaligen Anspruch, auf den der Gläubige unmittelbar reagieren muß.

Auch der Philologe wird geneigt sein, dem von ihm edierten und kommentierten Text ein Eigengewicht zukommen zu lassen, das um so größer wird, wenn die sprachliche Gestalt die Unverwechselbarkeit und Unüberholbarkeit einer Dichtung gewonnen hat. Die im Text zur Sprache gebrachte Sache bleibt ihrer sprachlichen Gestalt unterworfen.

Anders der Historiker: Er bedient sich grundsätzlich der Texte nur als Zeugnisse, um aus ihnen eine Wirklichkeit zu eruieren, die hinter den Texten liegt. Er thematisiert also mehr als alle andern Textexegeten einen Sachverhalt, der jedenfalls außertextlich ist, auch wenn er dessen Wirklichkeit nur mit sprachlichen Mitteln konstituiert. Es klingt fast wie eine Ironie. Der Historiker ist im Verbund der Geisteswissenschaften grundsätzlich, nicht in der Forschungspraxis, weniger auf Texte angewiesen als der Jurist, der Theologe oder der Philologe. Seine Texte haben, indem sie durch Fragen in Quellen verwandelt werden, immer nur Hinweischarakter auf jene Geschichte, um deren Erkenntnis es ihm geht.

Die Geschichte einer Periode schreiben, heißt Aussagen treffen, die in dieser Periode nie gemacht werden konnten. Die Geschichte auf ökonomische Bedingungen hin zu entwerfen, heißt Faktorenanalysen versuchen, die aus keiner Quelle unmittelbar ableitbar sind.

Wenn Historik die Bedingungen möglicher Geschichte erfaßt, so verweist sie auf langfristige Verläufe, die in keinem Text als solchem enthalten sind, sondern erst Texte provozieren. Sie verweist auf unlösbare Konflikte, Brüche, Diskontinuitäten, auf elementare Verhaltensweisen, die sich blockieren mögen, die sprachlich zu benennen schon eine Form der Rationalisierung darstellt, gerade wenn die ausgesagten oder angesprochenen Sachverhalte oder auch die sprachlich evozierten Sachverhalte durch und durch unrational sind. Sprachlicher Unsinn läßt sich sprachlich aufdecken. Aber Unsinn, der mit Hilfe von Sprache aus Motiven und Zwängen herrührt, die sich der Sprache entziehen, der kann nur durch einen zusätzlichen Übersetzungsvorgang in den Umkreis rationaler Betrachtung eingeschleust werden. Damit werden die Grenzen der Sinnlosigkeit erreicht, aber nicht überschreitbar.

Lassen Sie mich das an einem Beispiel erläutern. Es gibt einen berüchtigten, mehr oder weniger bekannten Text, Hitlers *Mein Kampf*. Von seiner sprachlichen Aussage her läßt sich diesem Text entnehmen, daß die Vernichtung der Juden eine mögliche Handlungsmaxime kommender Politik war. Worte, beim wortgetreuen Sinn genommen, lassen darüber keinen Zweifel aufkommen, auch wenn der Text eher als ein antisemitisches

Pamphlet nicht wirklich ernstgenommen wurde. Zunächst. Nun, die folgende Geschichte, die nach Auschwitz führte, läßt sich nicht zwangsläufig aus *Mein Kampf* ableiten. Es hätte immer noch anders kommen können. Aber daß es so gekommen ist, wie es gekommen ist, ist keine Frage mehr des Textes und der Textexegese. Die Wirklichkeit, die sich eingestellt hat, indem die Menschen sie produziert haben, den fabrikförmigen Massentod, diese Geschichte ist stärker als alle textuelle Ableitung oder textuelle Dokumentation *ex post*. Nach Auschwitz ändert sich damit auch der Status von *Mein Kampf*. Was Hitler geschrieben hat, ist durch Taten unermeßlich überboten worden, und damit gewinnt seine Rede einen Sinn, einen Sinn, der so zuvor noch gar nicht wahrgenommen werden konnte.

Wir müssen also zumindest methodisch unterscheiden, ob ich mein Verstehen auf Texte richte, um deren Sachaussage zu begreifen, oder ob ich etwas erfrage, was ungewollt durch die Texte hindurchspricht und was sich erst hinterher als geschichtliche Wahrheit herausstellt. Kein Quellentext enthält jene Geschichte, die erst mit Hilfe textlicher Quellen konstituiert und zur Sprache gebracht wird. Wir müssen unterscheiden zwischen der Wirkungsgeschichte, die sich in der Kontinuität textgebundener Tradition und ihrer Exegese zeitigt – und der Wirkungsgeschichte, die zwar sprachlich ermöglicht und sprachlich vermittelt, gleichwohl mehr ist, als Sprache jemals einholen kann. Es gibt geschichtliche Vorgänge, die sich jeder sprachlichen Kompensation oder Ausdeutung entziehen. Dies ist der Bereich, dem sich zumindest theoretisch die Historik zuwendet und der sie auszeichnet, auch wenn sie von der philosophischen Hermeneutik umfangen zu werden scheint.

Geschichte ist also von ihrer Theorie wie von ihrer Methode her mehr als eine philologisch-textgebundene Wissenschaft. Insofern läßt sich Historik von einer textgebundenen Hermeneutik leicht unterscheiden. Aber läßt sie sich auch von einer Hermeneutik abgrenzen, in die jede Historik als eine sprachliche Leistung einrückt? Sicherlich in dem Sinne, daß ihr vorgegebenes Thema, die Geschichte, jedem Verstehen vorausliegt. Wie sagte doch Fichte? „... und diese ganze Realität als solche ... ist überhaupt nichts mehr, als die Grabstätte des Begriffs, der am Licht sich versuchen wollte".[4] Es könnte sein, daß auch der Begriff der Geschichte ein solcher ist, der sich an der Wirklichkeit verzehrt. Deshalb bin ich dankbar, daß Herr Gadamer das Schlußwort hat.

---

4 Johann Gottlieb FICHTES *Nachgelassene Werke*, hrsg. von Immanuel Hermann Fichte, Bonn 1834, Bd. II, S. 151.

Hans-Georg Gadamer

Historik und Sprache — eine Antwort

Wenn ich auf die Rede von Reinhart Koselleck antworten soll, so befinde ich mich in einigen Schwierigkeiten. Einmal kann ich die Konzentration kaum aufbringen, in einem Augenblick, in dem ich durch das Viele bewegt bin, das mich die Redner des heutigen Tages glauben machen wollen, und ebenso all die freundlichen Menschen, die auf andere Weise an mich herangetreten sind. Da hat mich jemand „einen großen Gelehrten" genannt. Mir wurde ganz schwach in den Knien. Was das 19. Jahrhundert mit diesem Begriff so würdig charakterisieren konnte, das steht in unerreichbarer Ferne von uns allen. Selbst bei noch so hohem Selbstgefühl, das den einen oder anderen Forscher auf unserem Gebiet der Humanwissenschaften mit Grund erfüllen mag, ist doch für niemanden von uns eine Chance, sich mit diesem Begriff des großen Gelehrten auch nur zu vergleichen.

Im besonderen bin ich dem Redner gegenüber in die verzweifelt schwierige Situation versetzt, über eine Weiterentwicklung von gemeinsamen Anfängen her nachdenken zu müssen. Nicht umsonst hat Reinhart Koselleck mit Heideggers *Sein und Zeit* eingesetzt, um zu zeigen, wie sich von den Fragestellungen des Historikers aus die Grundstrukturen der Heideggerschen Daseinsanalyse erweitern und modifizieren müssen. Das entspricht in gewissem Sinne meinen eigenen philologisch-ästhetischen Antrieben, aus denen heraus ich Heideggers Anfänge und den von ihm empfangenen Anstoß ins Eigene weiterzuentwickeln versucht habe. Es ist für mich jedoch nicht leicht, ein paar vernünftige Worte zu dem Gedankengang eines Historikers zu sagen. Es geht mir da so, daß ich mich eines berühmten Hegel-Wortes erinnern muß. Er hat von der Zeitung gesagt, sie sei für den Denker der realistische Morgensegen. So etwa wie ein realistischer Morgensegen klang mir auch die heute zu meinen Ehren gehaltene Vorlesung von Reinhart Koselleck. Ich weiß mich wahrlich geehrt. Nicht nur, daß es einer meiner Freunde und Schüler ist, der sich in so konsequenter und sicherer Weise über das, was er tut und über das, wohin es ihn gewiesen hat, Rechenschaft gegeben hat. Mehr noch bedeutet mir, daß er uns diese Rechenschaftsgabe in dieser Form und bei diesem Anlaß vorgelegt hat. Das gilt mir in Wahrheit als eine Bestätigung meines eigenen Bemühens. Wer Hermeneutik wichtig findet, der muß vor allem wissen, daß man zuhören muß und daß man nur einem, der zuhören kann, etwas zu verstehen geben kann. Wir wurden heute zu einem Gespräch eingeladen, und ich wünschte mir, wir könnten dieses Gespräch öfters fortsetzen. Mein eigener hermeneutischer Entwurf ist seiner philosophischen Grundabsicht nach nicht viel anders als der Ausdruck der Überzeugung, daß wir nur im Gespräch an die Sachen herankommen. Nur dann, wenn wir uns der möglichen Gegensicht aussetzen, haben wir Chancen, über die Enge unserer eigenen Voreingenommenheiten hinauszugelangen. Nun kann ich gewiß nicht hoffen, daß mir im Augenblick und in einer solchen Situation die Gegenantwort wirklich gelingt, die Antwort, die kein Gegen ist, sondern wie jedes Wort Antwort ist, das heißt, auf etwas antwortet, von dem man begriffen hat, daß es fragt und daß es Antwort heischend an einen gerichtet ist. Ich kann nicht hoffen, im Augenblick ein solches Gegenwort, das wirkliche Antwort wäre, zu finden. Doch, jeder Versuch einer Antwort, auch wenn er nicht das Gegenwort ist, bringt in das Offene des Fragehorizontes etwas ein, eine Sinnbestimmtheit, die Gemeinsamkeit schafft.

Erlauben Sie mir daher, in der Fortsetzung des unendlichen Dialoges, den man Denken nennt, aus Rede und Gegenrede, Rückblick und Ausblick, Vorwärts und Rückwärts etwas von dem Gemeinsamen zur Sprache zu bringen, das sich uns in solchem Augenblicke darstellt. Als ich mich bereit erklärte, am Schluß dieser mir gewidmeten Feier ein Wort des Dankes zu sagen, erfüllte mich das Bewußtsein, daß wir in einer besonderen Weltstunde leben, in einer gefährdeten Welt und mit einem gefährdeten Zukunftsbewußtsein, wie es alle Menschen heute, und sicherlich am stärksten die jungen Menschen, empfinden müssen. So kommt es, daß man von dem, der das Fach der Philosophie im akademischen Unterricht vertritt und vertreten hat, noch etwas anderes erwartet als nur einen dankerfüllten Rückblick auf den eigenen Erfahrungs- und Denkweg, den Ältere, Gleichaltrige und immer wieder Jüngere begleitet und bereichert haben. Im Grunde wissen wir alle, daß vielleicht die größte Möglichkeit, die das Leben immer wieder an uns heranträgt, die der Theorie ist, des theoretischen Abstandes und der freien Sicht, die von da aus zu gewinnen ist – und daß diese immer an Bedingungen zurückgebunden bleibt, wie sie Herr Koselleck heute so kraftvoll entwickelt hat. Ich meine die mächtigen Realitäten, in denen sich menschliches Zusammenleben abspielt. Richten wir auf diese den Blick, dann kann die „Freude am Sinn", diese allumfassende „Philologie", wie das Ausweichen in eine Traumwelt scheinen. Man braucht nur daran zu denken, daß die geistige Welt, in der ein Mensch sich seiner eigensten Bestimmung nach zu bewegen sucht, mit einer so ungeheuren Tatsache zusammengeht, wie der, daß die menschliche Spezies den Krieg erfunden hat, etwas, was in der Natur unter Angehörigen derselben Art bei Lebewesen höherer Organisationsstufe sonst nicht vorkommt. Schon dieser allererste Einsatz in der Rede von Herrn Koselleck hat mich in Gedanken verstrickt, die auch ich oft darüber gesponnen habe. Ich bin mir dessen voll bewußt, daß der Blick des Verstehenden jeder Sinnspur nachschaut und immer nach Sinn Ausschau hält, der ihm in der Unvernunft des Geschehens und der Geschichte so etwas wie Horizonte des Erwartens, des Hoffens, des Wagens und des Nichtverzagens immer wieder sich öffnen läßt. Vielleicht muß man sagen, daß dies die größte menschliche Kraft ist, angesichts aller Herausforderungen, die die Wirklichkeit durch Unsinn, Wahnsinn und bestürzende Sinnlosigkeit uns zumutet, standzuhalten und im Suchen nach Verstehbarem und nach Sinn unermüdlich zu bleiben.

Ich kann kaum hoffen, mich heute über die Grundlagen dieser Wahrheit in Kürze deutlich ausdrücken zu können. Wenn ich die Eigentümlichkeit des Menschseins mit aristotelischen Mitteln zu formulieren suche – und Aristoteles ist schließlich der Meister derer, welche wissen –, so heißt das, darüber nachdenken, was es bedeutet, daß der Mensch die Sprache hat. Gewiß ist es wahr, daß die Sprache in gewissem Sinne gegenüber den eigentlich bestimmenden Faktoren des menschlichen Sich-Befindens und Verhaltens fast mehr eine Art von umfassender Nachholung ist. Und doch hat Aristoteles recht, wenn er den Menschen gegenüber den Tieren dadurch auszeichnet, daß der Mensch die Sprache hat, das heißt, nicht nur sich den instinktgegebenen Zielen oder den drohenden Gefahren gegenüber durch Zeichen kommunikativ austauscht, wie es etwa die Vögel durch ihren Warnruf oder Lockruf tun, oder wie all die anderen Austauschformen sind, in denen Tiere durch Zeichengabe miteinander umgehen. Der Mensch dagegen ist aus dem Gefüge der natürlichen Anlagen und Fähigkeiten so herausgedreht, daß in dieser Freiheit zugleich die Verantwortung für sich und die Seinen, für sich und uns alle, eingelagert ist. Das ist es, was in unsere eigentümliche Sonderstellung innerhalb des Gesamten der lebendigen Natur eingeboren ist: Wir folgen zwar wie die anderen Naturwesen Zwängen, Drängen, Dispositionen wie getrieben – und dennoch ist da ein Spielraum von Möglichkeiten, der uns bleibt, ein Spielraum anderer Art, der für uns geöffnet ist. Es ist der Raum der dahingestellten Möglichkeiten, der Plausibilitäten, die nicht nur im Spielraum des Offengelassenen stehen, mit dem der Gedanke spielt, sondern in dem auch die Entscheidungen stehen, in denen sich der beständige Kampf um Herrschaft und Unterliegen abspielt, der Spielraum menschlicher Geschichte. So steht denn auch die berühmte Definition des Menschen, die man auf Lateinisch kennt, ein *animal rationale* zu sein, in der Schrift des Aristoteles über die Politik. Was der griechische Text uns in Wahrheit lehrt, ist, daß es sich hier nicht so sehr um die Vernunft handelt als um die Sprache. Sie ist nicht nur Zeichenaustausch wie der Lockruf und Warnruf der Tiere. Ihre Auszeichnung ist vielmehr, Sachverhalte vorzustellen – sich selbst und dem anderen. Schon das Wort ‚Sachverhalt' hat etwas sehr Eigentümliches. Es ist etwas Selbstloses darin, wenn wir der Sache ihr eigenes Verhalten zubilligen und uns diesem Verhalten in unserem Verhalten beugen. Das ist etwas von dem, was wir mit Recht ‚Vernunft' nennen und was sich in unserem rationellen Handeln auslebt. Es stellt sich in dem Wunder von Distanz dar, das wir in Sprache vermögen: etwas dahingestellt sein lassen. Die Hermeneutik, wenn ich in den bescheidenen Grenzen, in denen ich mich mitverantwortlich fühlen muß, dies erwähnen darf, ist die Ausarbeitung dieses ebenso wunderbaren wie gefährlichen Könnens. Daß man etwas dahingestellt sein lassen kann, es in seinen Gewichten wägen und in seinen Möglichkeiten immer wieder aufs neue in den Blick nehmen kann, ist mehr als nur eine der zweckvoll natürlichen Ausstattungen eines Lebewesens. Aristoteles fährt, wenn er seinen Satz gesagt hat, fort: Denn der Mensch hat eben durch diese Fähigkeit des „Logos" Sinn für das, was zuträglich und was abträglich ist. Das heißt, er hat Sinn für etwas, was im Augenblick vielleicht nicht verlockend ist, aber für später etwas verspricht. Er hat also die eigentümliche Freiheit, sich auf Ziele in der Ferne hin zu entwerfen und die rechten beiträglichen Mittel zur Erreichung des Zieles zu suchen. Das ist eine wunderbare, gegenüber der Weisheit und festen Bestimmtheit der Naturzwänge gefährliche Fähigkeit, sich in die Zukunft voraus zu entwerfen. Der Mensch hat den Sinn für die Zeit. Dazu gehört nun (wie mit innerer Folgerichtigkeit Aristoteles zu verstehen gibt) der Sinn für das Rechte und für das Unrechte. Etwas von dieser Folgerung erfahren wir immer wieder an der bedenklichen Freiheit des Verstehenkönnens und Verstehenwollens. Immer stößt man an Realitäten und am meisten an die Realität des anderen Menschen. „Recht" ist im Grunde die große von den Menschen geschaffene Ordnung, die uns Grenzen setzt, uns aber auch erlaubt, Nichtübereinstimmung zu überwinden, und, wenn wir einander nicht verstehen, einander mißverstehen oder gar mißhandeln, immer wieder alles neu zu ordnen und in ein Gemeinsames einzufügen. Als das „machen" wir nicht – all das geschieht mit uns. So wird es wohl so sein, wie der gerade und nüchterne Blick des Historikers es uns denkend vor Augen gestellt hat, daß wir der Geschichte nie Herr sind. Wir kennen nur Geschichten und, um Geschichten möglich zu machen, sind wir schon immer in all die unerbittlich scharfen Grundgegensätze eingelassen, die der Historiker aufgezeigt hat, diese Gegensätze von Freund und Feind, von Geheim und Öffentlich und all die anderen Grundkategorien, deren Polarität zu jeder „Geschichte" gehört. So hängt beides aneinander und macht die Auszeichnung des Menschen aus, Sprache zu haben und Geschichte zu haben. Es ist daher ganz legitim, wenn ein Historiker *Sein und Zeit* auf seinen anthropologischen Aussagegehalt hin liest und wenn er die Kategorien der Geschichtlichkeit in solcher Weise entfaltet, wie Koselleck es hier tut. Aber es bleiben dann Kategorien, Grundbegriffe einer Gegenstandswelt und ihrer Erkenntnis. Sie unterscheiden sich, scheint mir, grundsätzlich von den Heideggerschen Begriffen, die die Geschichtlichkeit des Daseins und nicht die Grundstrukturen der Geschichte und ihrer Erkenntnis herauszuarbeiten suchen. Gewiß kann auch die von Heidegger vorgelegte Analytik des Daseins wieder ihrerseits vom Historiker in geschichtlichem

Abstand als eine geschichtliche oder mindestens als eine zeitgeschichtliche Erscheinung verstanden werden. Geschichte ist ein „Universale". Kosellecks „Historik" bietet eine Kategorienlehre dieses Universums, die ein riesiges Gegenstandsfeld menschlicher Erkenntnis artikuliert – eine Legitimierung des Interesses an dieser Gegenstandswelt der Geschichte und der Geschichten will diese Kategorienlehre nicht geben. Und doch liegt in aller historischen Erkenntnis „Verstehen".

Droysens *Historik* spricht das entschlossen aus und ist insofern eine „Hermeneutik". Das heißt nicht, daß Droysen nur an die Sprache und die sprachlichen Zeugnisse denkt, wenn er als Aufgabe des Historikers definiert: „forschend verstehen". So hatte Schleiermacher, als Theologe und Exeget, die Aufgabe der Hermeneutik gesehen und Dilthey ausdrücklich „schriftlich erhaltene Lebensäußerungen" als ihren Gegenstand bezeichnet. In solchem Sinne von Hermeneutik umfaßt gewiß auch die Historik ihrerseits all unser sprachliches Tun, sofern sie Zeit- und Umwelt-Bezüge in sprachlich gefaßten Aussagen ihrerseits auszumachen weiß, etwa am Wandel des Sprachgebrauchs und vor allem der Begrifflichkeit einer Zeit. Die philosophische Hermeneutik schließt sich aber nicht an die Tradition der Hermeneutik an, sondern geht auf ihren lebensweltlichen Grund. Sie hat die Aufgabe des Verstehens, die der historische Forscher, gewiß mit manchem anderen, als die seinige verfolgt, nicht einfach in größere Weite und Allgemeinheit gerückt, wenn sie mit Heidegger einer „Hermeneutik der Faktizität", der Selbstauslegung des Daseins, folgt und deshalb die Sprachlichkeit in die Mitte stellt. Sie umfaßt nicht nur alle Arten von Texten, auch juristische und religiöse zum Beispiel und insofern auch den Text einer Historik, als diese sich sprachlich formuliert. Die Sprachlichkeit, die die Hermeneutik in die Mitte stellt, ist nicht nur die der Texte. Sie meint gerade auch die fundamentale Seinsbedingung allen menschlichen Handelns und Schaffens, wie Aristoteles sie in seiner Abhebung des ζῷον λόγον ἔχον von allen anderen Lebewesen machtvoll geltend gemacht hat. Die historischen Kategorien, Freund und Feind, Eltern und Kinder, Generationsabfolgen, Früher oder Später, die Spannungen zwischen Oben und Unten wie die Spannungen zwischen Innen und Außen bzw. Geheimnis und Öffentlichkeit, sind in gewissem Umfang auch bei Tiergesellschaften anzutreffen. Die Verhaltensforschung kann uns insofern auch über den Menschen viel lehren, weil die Tiergesellschaften so ähnlich sind und – so anders. Aber auf dies Anders-Sein des Gleichen kommt es an. Der Kampf von Oben und Unten, von Herrschaft und Unterwerfung, zeigt unter Menschen nun andere, eigene Strukturen. Es ist keine zusätzliche Gabe, die auch wegfallen kann, was sich dergestalt in der Sprachlichkeit des Menschen kundtut und diese Formen zu menschlichen macht. Vielmehr bedeutet es ein grundsätzlich anderes Verhältnis zu Zeit und Zukunft – und zum Tode. So scheint Krieg eine spezifisch menschliche Erfindung, und Selbstmord auch, und die Formen des Unterscheidens von Öffentlichkeit und Geheimnis. Vor allem aber sind es Geschichten, welcher Art immer – erzählte, erzählbare. Das prägt alle unsere Geschichten und läßt sie zu Geschichten werden, daß wir sie erzählen, diese zahllosen Geschichten, und immer wieder erzählen. — Gewiß gibt es den Unterschied zwischen Geschichten, die man als Erzähler erzählt und die wahr sind, ohne wahr zu sein, und den durch historiographische Darstellung überlieferten und in kritischer Forschung konstruierten Geschichten, aus denen sich „die Geschichte" immer neu zusammenlegt und umschreibt. Der Text der Geschichte ist nie fertig abgeschlossen und nie auch nur festgeschrieben. Daß wir im heutigen Sprachmodus vom Festschreiben sprechen, klingt wie ein ohnmächtiger Protest des Sprachgeistes gegen den wechselvollen Strom des Erzählens. Ich sehe schon, warum im Zeitalter der neuzeitlichen Wissenschaft die Historie sich für philosophischer – das heißt bei Aristoteles nichts anderes als erkenntnishaltiger, mehr wissenschaftlich – hält als die Poesie. Sie liefert sich dem Rätsel der Kontingenz ganz aus und vergeht an ihm. Die Faktizität des Faktums, das der Historiker feststellt, würde es an Gewicht nie mit der Faktizität aufnehmen können, die jeder von uns, der solche Feststellung trifft oder zur Kenntnis nimmt, als die seine weiß und die wir alle zusammen als die unsere wissen.

Gewiß, der Historiker erzählt nicht nur Geschichten. Sie sollen so gewesen sein. Aber da gilt es zu fragen: Was gehen uns all diese seine Geschichten an? Warum all die Mühe des Bewahrens und Erforschens? Gewiß nicht, um sich zur Beherrschung menschlicher Geschicke aufzuschwingen, so wie die Naturforschung eine Beherrschung von Naturvorgängen ermöglicht oder zu ihrer Nutzung für menschliche Zwecke unterwegs ist. Auch nicht, um aus der Geschichte zu lernen, so daß wir klüger werden. Jacob Burkhardt hatte recht, nicht um klüger zu werden, kann uns die Geschichte und die geschichtliche Erkenntnis helfen, sondern um weise zu werden für immer. Warum fesseln uns die Geschichten? Darauf gibt es nur die „hermeneutische" Antwort: Weil wir uns im Andern, im Andern der Menschen, im

Andern des Geschehens wiedererkennen. Das gilt auch für die Kategorienpaare, die Koselleck überzeugend gezeigt hat.

Wiedererkennung setzt Distanz voraus. Wiedererkennung hebt aber zugleich Distanz auf. Die Wiedererkennung, die auch mit all diesen geschichtlichen Kategorien durchsetzt und beschrieben werden kann, erschöpft sich aber nicht in der befriedigten Klassifikation von Begebenheiten anderer Zeiten und fremder Welten. Sie ist Wiedererkennung unserer selbst und geht damit beständig in die Fragebewegung ein, die uns als Menschen aufgenötigt ist. Es ist die alte sokratische Frage nach dem Guten. Das sollte die Erinnerung an die aristotelische Auszeichnung der Sprache leisten. Nicht, weil alles Sprache ist – Sprache spricht nicht von s i c h, sondern von dem, was ist oder vermeintlich ist –, aber weil Sprache ins Offene, Ganze und Weite von Zeit und Zukunft, von offener Wahl und offener Frage weist, zeichnet sich der weite Horizont des „Da" von Menschenwelten ab. Deshalb hören wir dem zu, der Geschichten erzählt. Selbst wenn wir nicht einfach Geschichten anhören, sondern nach ihrer geschichtlichen Wahrheit fragen, bleibt es das Interesse an der Wiedererkennung dessen, was menschenmöglich ist, und dem, was wirklich geschah. Die antike Welt hat schon etwas Richtiges gesehen, wenn sie die Historiographie, auch angesichts ihres Meisters an Kritik, des Thukydides, nicht mit den Mathemata der „Mathematiker" zusammensah, sondern mit der Poesie der Poeten, wenngleich sie diese an Wiedererkennungsmacht nicht erreicht. Auch mit unseren Geschichten bauen wir mit, wie mit jeder unserer Entscheidungen des praktischen Lebens, an der Gemeinsamkeit dessen, was uns Sinn bedeutet, was uns das Gute, das Bessere, das Rechte scheint.

Mit diesen großen, schönen Worten fühle ich mich fast als Erbe einer kaum noch erhaltenen Erbschaft und meine doch, daß wir alle in voller Bewußtheit angesichts der sich immer mehr verschärfenden Spannungen und der steigenden Unordnung, des Mißhandelns und des Fehlhandelns, unseren verstehenden Blick auf das uns allen Gemeinsame richten sollten, das wir im anderen besser erkennen als in uns selbst, und daß wir nicht aufgeben sollten, die harten Realitäten der Geschichte immer wieder in unsere humanen Möglichkeiten einzugestalten.

Nachwort

Wer am 11. Februar 1985 in der Alten Aula der Universität Heidelberg an der akademischen Feier zu Hans-Georg Gadamers 85. Geburtstag teilgenommen hat, wird sich gut erinnern können: Reinhart Koselleck hatte den oben wiedergegebenen Festvortrag gehalten, in dem eine gewisse Distanz des Historikers zum „Universalitätsanspruch der Hermeneutik" nicht zu überhören gewesen war. Dann ging der Jubilar selber zum Katheder und ergriff das Wort, und das nicht nur, um ganz im allgemeinen für die ihm erwiesenen Aufmerksamkeiten zu danken, sondern um – aus dem Stegreif und allein gestützt auf das soeben Gehörte – dem kritischen Historiker zu antworten. Diese Antwort gab ein ebenso klares wie deutliches Beispiel dafür, was praktizierte Hermeneutik auszeichnen kann, so daß jener Anspruch als eine philosophische Einstellung gegenwärtig war, an der rein gar nichts schief oder ergänzungsbedürftig scheinen konnte. Was Gadamer sagte, ist ebenfalls oben nachzulesen. Das Publikum war beeindruckt. Vielleicht wird durch die Schilderung der Umstände, unter denen er es gesagt hat, etwas von diesem Eindruck nachvollziehbar.

Rede und Antwort (diese nach einer Tonbandaufnahme) hat die Heidelberger Akademie der Wissenschaften, der beide Autoren seit vielen Jahren angehören, 1987 veröffentlicht.[1] Der Nachdruck der Texte dreizehn Jahre später hat nicht nur der Reminiszenz wegen seinen guten Sinn. Einmal abgesehen von der Reverenz, die es dem jetzt hundertjährigen Gadamer zu erweisen gilt, ist die nochmalige

---

1 Vgl. den bibliographischen Nachweis oben auf S. 4. — Der Nachdruck ist unverändert, nur einige offensichtliche Versehen wurden stillschweigend korrigiert.

Lektüre schon deshalb reizvoll, weil manche der seinerzeit noch anscheinend unverrückbar gegebenen weltpolitischen Randbedingungen, auf die beide Redner mehrfach angespielt haben, uns heute wie Zeichen einer anderen Zeit vorkommen und damit (in jenem ganz besonderen Sinne dieses Wortes) „historisch" geworden sind. Aber auch das wiegt, wiewohl es das Thema von Rede und Antwort immerhin berührt, vergleichsweise gering gegenüber der behandelten Sache und dem Interesse, das diese nach wie vor verdient: das Verhältnis von Historik und Hermeneutik.

Es ist mindestens dreierlei, wofür Koselleck sich in seiner Rede (S. 9 f.) stark gemacht hat: 1. daß es außer- bzw. vorsprachliche „Bedingungen möglicher Geschichte[n]" gebe, 2. daß eine Historik als allgemeine Theorie solcher Bedingungen „nicht als Unterfall der Hermeneutik" anzusehen sei, 3. daß letzteres aus ersterem folge. — Um den mit der ersten These erhobenen Anspruch zu konkretisieren, hat er fünf Oppositionspaare als „eine Art transzendentaler Kategorie[n] möglicher Geschichten" genannt: *(i)* Töten- und Getötetwerden-Können, *(ii)* Freund und Feind, *(iii)* Innen und Außen (bzw. Geheimnis und Öffentlichkeit), *(iv)* Eltern und Kinder (bzw. Generativiät), *(v)* Herr und Knecht. Deren Charakterisierung im Hinblick auf weitere empirische Ausfüllungen ist der Kern der in Kosellecks Rede skizzierten Historik.

Der ersten These hat Gadamer nicht widersprochen. Die Legitimität einer Entfaltung von „Kategorien der Geschichtlichkeit", die Bedingungen der reklamierten Art nennen, hat er (S. 45) ausdrücklich zugestanden. Vollkommen unstrittig ist außerdem, daß „der Historiker ... sich grundsätzlich der Texte nur als Zeugnisse [bedient], um aus ihnen eine Wirklichkeit zu eruieren, die hinter den Texten liegt" (S. 33). Die ihm einleuchtenden Thesen Gadamers, aus denen sich unter anderem genau das ergibt, hat Koselleck selber (S. 30 ff.) genannt; und bekanntlich ließen sich ganze Passagen aus *Wahrheit und Methode* als Beleg anführen. Unstrittig ist damit allemal, daß der Historiker außersprachliche und nicht in Textzeugnissen aufgehende Bedingungen zu berücksichtigen hat. Welche Konsequenzen daraus für den Status des metahistorischen Geschäfts einer Historik zu ziehen sind, ist dann aber wohl nicht mehr ohne weiteres unstrittig.

Es kommt darauf an, was mit einem „Unterfall der Hermeneutik" gemeint ist. Wenn Koselleck mit seiner zweiten These, daß insbesondere die von ihm skizzierte Historik kein solcher Unterfall sei, nicht mehr beansprucht als den eben noch einmal genannten unstrittigen Sachverhalt, dann verstünde sich seine dritte These von selbst, und es bliebe nicht der geringste Spielraum für einen Dissens. Nun hat Gadamer wie gesagt Kosellecks Charakterisierung außersprachlicher „Bedingungen möglicher Geschichte", exemplifiziert in den genannten fünf Oppositionspaaren, zwar durchaus akzeptiert, deren Rolle zugleich (S. 45 f.) aber eingeschränkt auf die von „Grundbegriffe[n] einer Gegenstandswelt und ihrer Erkenntnis", die ihrerseits, wie er hinzugefügt hat, nichts darüber sagten, was unser grundlegendes „Interesse an dieser Gegenstandswelt" zu legitimieren vermöchte. Darüber etwas zu sagen unternimmt indes die philosophische Hermeneutik, die – im Unterschied zur Tradition einer enger gefaßten Hermeneutik – auf den „lebensweltlichen Grund" (S. 46) eines jeden Verstehen zielt, nicht nur auf eines, das sich in der Auslegung von Texten manifestiert. Koselleck hat jedoch wiederholt den vor- bzw. außersprachlichen Charakter jener Bedingungen herausgestellt, die in seinen fünf Oppositionspaaren Ausdruck finden, sie als natürlich vorgegebene, naturgeschichtliche Rahmenbedingungen menschlichen Lebens und Erlebens präsentiert. Wie verhalten diese sich zum „lebensweltlichen Grund" eines jeden Verstehens?

Darauf ist Gadamer in seiner Antwort eingegangen, um gerade mit Bezug auf derartige Bedingungen die besondere Perspektive der philosophischen Hermeneutik festzumachen an der „eigentümliche[n] Sonderstellung" des Menschen „innerhalb des Gesamten der lebendigen Natur" (S. 43); und er hat zu diesem Zweck an die Stelle in der *Politik* des Aristoteles erinnert, die den „politischen" Sinn jener über die Jahrhunderte in den Schulen repetierten Formel, welche den Menschen als *animal rationale* definiert, herausstellt:

> „Sprache indes hat unter den Tieren allein der Mensch. Nun gibt die Stimme zwar Unangenehmes wie Angenehmes kund, und deshalb kommt sie auch den anderen Tieren zu (so weit nämlich reicht deren Natur, daß sie Unangenehmes und Angenehmes empfinden und davon einander Zeichen geben), die Sprache aber dient dazu, das Zuträgliche und das Schädliche auszudrücken und von daher auch das Rechte und Unrechte. Denn das ist gegenüber den anderen Tieren den Menschen eigentümlich, daß nur sie einen Sinn sowohl für das Gute und Schlechte wie auch für das Rechte und Unrechte haben. Die Gemeinsamkeit [in dieser Hinsicht] aber bringt Hausgemeinschaft und Staat hervor."[2]

Offensichtlich ist es schlecht möglich, das Wort ‚λόγος', wie es in dieser Passage gebraucht wird, anders als mit ‚Sprache' zu übersetzen; und die Fähigkeit, sich sprachlich (und nicht nur stimmlich) zu artikulieren, identifiziert Aristoteles hier mit der Fähigkeit, über den Unterschied zwischen Zuträglichem und Schädlichem hinaus den zwischen Recht und Unrecht wie den zwischen Gut und Schlecht erfassen zu können. Eine „Übereinstimmung in den Urteilen" darüber sehen auch wir als konstitutiv an für den Bestand

---

2 ARISTOTELES, *Politica* I.2, 1253ª 9-18: λόγον δὲ μόνον ἄνθρωπος ἔχει τῶν ζῴων· ἡ μὲν οὖν φωνὴ τοῦ λυπηροῦ καὶ ἡδέος ἐστὶ σημεῖον, διὸ καὶ τοῖς ἄλλοις ὑπάρχει ζῴοις (μέχρι γὰρ τούτου ἡ φύσις αὐτῶν ἐλήλυθε, τοῦ ἔχειν αἴσθησιν λυπηροῦ καὶ ἡδέος καὶ ταῦτα σημαίνειν ἀλλήλοις), ὁ δὲ λόγος ἐπὶ τῷ δηλοῦν ἐστι τὸ συμφέρον καὶ τὸ βλαβερόν, ὥστε καὶ τὸ δίκαιον καὶ τὸ ἄδικον· τοῦτο γὰρ πρὸς τὰ ἄλλα ζῷα τοῖς ἀνθρώποις ἴδιον, τὸ μόνον ἀγαθοῦ καὶ κακοῦ καὶ δικαίου καὶ ἀδίκου καὶ τῶν ἄλλων αἴσθησιν ἔχειν· ἡ δὲ κοινωνία ποιεῖ οἰκίαν καὶ πόλιν.

menschlicher Gemeinwesen – sei es die οἰκία, sei es die (für Aristoteles „von Natur aus ursprünglichere"³) πόλις.

Bemerkenswert ist aber auch, daß Aristoteles die Sprachfähigkeit der **natürlichen** Ausstattung des Menschen zugerechnet hat. Die mit dem Besitz der Sprache einhergehende Intelligenz oder Rationalität sollte nicht etwas sozusagen Übernatürliches sein, womit die Mängel eines von der Natur eher stiefmütterlich gerüsteten Wesens nachträglich zu kompensieren wären. Diesem Eindruck entgegenzuwirken war ihm so wichtig, daß er dem Platonischen Protagoras, der ja in seiner Version des Mythos von Prometheus den Menschen als „nackt, unbeschuht, unbedeckt und unbewaffnet" beschrieben hatte,⁴ ausdrücklich und entschieden widersprochen hat:⁵ Alles, was der Mensch an natürlichen Ausrüstungen scheinbar entbehren müsse, und noch viel mehr habe die Natur ihm, so argumentiert Aristoteles, im voraus ersetzt durch die Hand: durch „das Werkzeug der Werkzeuge", seinem Verstand als „der Form der Formen" wohlangepaßt – wie es in *De anima* heißt.⁶ Es sollen nun aber nicht etwa seine Hände sein, die den Menschen (womöglich anstelle der Sprache) zum „intelligentesten Tier" machen, vielmehr sei es genau umgekehrt: „weil der Mensch das intelligenteste Tier ist, hat er die Hände."⁷ Daß der Mensch unter den Tieren das intelligenteste

---

3 A. a. O., 1253ᵃ19: πρότερον δὲ τῇ φύσει πόλις ἢ οἰκία καὶ ἕκαστος ἡμῶν ἐστιν.
4 Plato, *Protagoras* 321 C: Προμηθεύς ... ὁρᾷ ... τὸν δὲ ἄνθρωπον γυμνόν τε καὶ ἀνυπόδητον καὶ ἄστρωτον καὶ ἄοπλον·
5 Aristoteles, *De partibus animalium* IV.10, 687ᵃ24 ff.: ʼΑλλʼ οἱ λέγοντες ὡς συνέστηκεν οὐ καλῶς ὁ ἄνθρωπος ἀλλὰ χείριστα τῶν ζῴων (ἀνυπόδητόν τε γὰρ αὐτὸν εἶναί φασι καὶ γυμνὸν καὶ οὐκ ἔχοντα ὅπλον πρὸς τὴν ἀλκήν) οὐκ ὀρθῶς λέγουσιν.
6 ders., *De anima* III.8, 432ᵃ1 ff.: ἡ χεὶρ ὀργανόν ἐστιν ὀργάνων, καὶ ὁ νοῦς εἶδος εἰδῶν ... .
7 A. a. O., 687ᵃ18 f.: ὁ ἄνθρωπος ... διὰ τὸ φρονιμώτατον εἶναι τῶν ζῴων ἔχει χεῖρας. – Das hält Aristoteles dem Anaxagoras (vgl. 687ᵃ7 ff.) entgegen.

ist und eine „göttliche Natur" besitzt, „deren eigenste Leistung das Denken und Verstehen ist", sah Aristoteles in einem ganz und gar nicht zufälligen Zusammenhang stehend mit der stofflichen Komposition des menschlichen Körpers, vor allem mit der Verteilung schwererer und leichterer Materien, die dem Menschen als einzigem unter den Tieren den (permanenten) „aufrechten Gang" erlaube.[8]

Das sind einige Züge des Bildes, das Aristoteles vom Menschen als „Naturwesen" hatte. Um nun auf die oben zitierte Passage aus seiner *Politik* zurückzukommen, sei nur hinzugefügt, daß deren Kontext durch zweierlei bestimmt ist: auf der einen Seite durch die berühmte Deklaration, der Mensch sei von Natur aus ein „politisches" Tier,[9] auf der anderen durch den „holistischen" Grundsatz, das Ganze sei stets ursprünglicher als jeder seiner Teile.[10] Beides sind Gemeinplätze, τόποι κοινοί (im besten aristotelischen Sinne). Der ihnen zugrundeliegende Begriff der Natur ist freilich einer, mit dem moderne Naturalisten ihre Not hätten: ein teleologischer Begriff eben, der den Zweck natürlicher Fähigkeiten, die vollendete, perfektionierte Verwirklichung der durch sie eröffneten Möglichkeiten, der betreffenden Natur selbst zurechnet.[11]

Die Inanspruchnahme des aristotelischen Bildes für die philosophische Hermeneutik beeinträchtigt das nicht. Dem modernen Naturalismus und dessen gezielt reduzierten Vorstellungen von dem, was Natur ist, würde diese wohl zu allerletzt huldigen wollen. Der Mensch als das sprachbegabte und verständige Tier hat ebendadurch einen – mindestens einen – Begriff von der Natur;

---

8 A. a. O., 686ᵃ27 ff.: ὀρθὸν μὲν γάρ ἐστι μόνον τῶν ζῴων δία τὴν φύσιν αὐτοῦ καὶ τὴν οὐσίαν εἶναι θείαν· ἔργον δὲ τοῦ θειοτάτου τὸ νοεῖν καὶ φρονεῖν· τοῦτο δ' οὐ ῥᾴδιον πολλοῦ τοῦ ἄνωθεν ἐπικειμένου σώματος· τὸ γὰρ βάρος δυσκίνητον ποιεῖ τὴν διάνοιαν καὶ τὴν αἴσθησιν.
9 DERS., *Politica* 1.2, 1253ᵃ2 f.: φανερὸν ὅτι ... ἄνθρωπος φύσει πολιτικὸν ζῷον.
10 A. a. O., 1253ᵃ20: τὸ γὰρ ὅλον πρότερον ἀναγκαῖον εἶναι τοῦ μέρους·
11 A. a. O., 1252ᵇ32: ἡ δὲ φύσις τέλος ἐστίν·

und das genügt, um von ihm zu sagen, er sei „aus dem Gefüge der natürlichen Anlagen und Fähigkeiten" gleichsam „herausgedreht" (S. 43), aber eben nicht herausgerissen. Er bleibt ein Teil jenes „Gefüges" und ist damit (wie Koselleck ergänzen würde) unter anderem der Spannung der genannten Oppositionen ausgesetzt. Daß diese (im weitesten Sinne) der Natur angehören, versteht sich von selbst. Ob ihre Wirksamkeit als „Bedingungen möglicher Geschichten sich eher ihrer Zugehörigkeit zu einer als „vorsprachlich" zu etikettierenden Natur verdankt oder doch dem Umstand, daß sie als Merkmale unseres Begriffs der eigenen Natur fungieren, mag gleichwohl fraglich sein. Unbestreitbar ist, daß zu den Begriffen, die wir haben, auch gehört, daß sie etwas zum Gegenstand haben, das nicht nur deshalb existiert oder so ist, wie es ist, weil wir es so begreifen. Deshalb folgt aus der Tatsache, daß wir etwas als Bedingung unseres Existierens begreifen, keineswegs, daß ebendiese Bedingung ihrerseits durch unser Begreifen bedingt sei. Die nichtssagende Konklusion, alles sei Sprache, die Gadamer hinreichend deutlich zurückgewiesen hat (S. 49), erreicht man wohl durch solche Fehlschlüsse – mehr nicht. Dennoch scheint die Vieldeutigkeit des Wortes ‚Natur' und seiner Äquivalente in anderen Sprachen (David Hume, Philosoph und Historiker von Rang, kannte in seiner Sprache kein vieldeutigeres[12]) höchst bedenklich zu sein, für hermeneutische Philosophen ohnehin, aber auch für Architekten einer Historik, die es auf außersprachliche Bedingungen möglicher Geschichte abgesehen hat.

---

12 D. HUME, *A Treatise of Human Nature* [1739/40] III.*i*.2: „our answer ... depends upon the definition of the word, Nature, than which is none more ambiguous and equivocal."

Die Deutsche Bibliothek – CIP-Einheitsaufnahme

Historik, Sprache und Hermeneutik :
eine Rede und eine Antwort /
Reinhart Koselleck ; Hans-Georg Gadamer.
Mit einem Nachw. hrsg. von Hans-Peter Schütt. –
2. Aufl. – Heidelberg : Manutius-Verl., 2000
1. Aufl. u.d.T.: Hermeneutik und Historik
ISBN 3-925678-91-3

© Manutius Verlag Frank Würker GmbH, Heidelberg 2000
Satz: Hans-Peter Schütt, Heidelberg
Druck: Hubert & Co, Göttingen
ISBN 3-925678-91-3

REINHART KOSELLECK IM MANUTIUS VERLAG

Reinhart Koselleck
Europäische Umrisse deutscher Geschichte
Zwei Essays
80 Seiten, DM 28,–
ISBN 3-925678-86-7

Nationale Erinnerungsorte und deren Geschichten sind zur Genüge beschrieben und beschworen worden. Nicht dass sie überflüssig würden. Aber es könnte sein, dass es wichtiger wird, die vielfältigen Konflikte der europäischen Nationen als ihre gemeinsame wahrzunehmen und ihre Kontraste oder Konvergenzen zu sichten, die sie aufeinander verweisen. Die beiden Essays suchen Deutungsangebote in dieser Richtung.

REINHART KOSELLECK IM MANUTIUS VERLAG

Reinhart Koselleck
Goethes unzeitgemäße Geschichte
48 Seiten, DM 20,–
ISBN 3-925678-67-0

Wer sich auf Goethe einläßt, dem geht es wie bei der Lektüre von Hegel. Einmal beim Wort genommen, läßt er einen nicht wieder herausfinden. Erschwerend kommt hinzu, daß alles, was über ihn gesagt wird, nicht überbieten kann was er selbst gesagt hat.